Regresan los pájaros

Tránsito de Fuego

Colección de poesía

Poetry Collection

Journey of Fire

Carlos Enrique Rivera Chacón

REGRESAN LOS PÁJAROS

Nueva York Poetry Press®

Nueva York Poetry Press LLC
128 Madison Avenue, Oficina 2RN
New York, NY 10016, USA
Teléfono: +1(929)354-7778
nuevayork.poetrypress@gmail.com
www.nuevayorkpoetrypress.com

Regresan los pájaros
© 2022 Carlos Enrqieue Rivera Chacón

ISBN-13: 978-1-958001-79-0

© Colección *Tránsito de Fuego* Vol. 17
(Homenaje a Eunice Odio)

© Dirección:
Marisa Russo

© Textos de contraportada:
Julieta Dobles

© Diseño de portada:
William Velásquez Vásquez

© Diseño de interiores:
Moctezuma Rodríguez

© Fotografía de portada:
Adobe Stock License

© Fotografía del autor e interiores:
Archivo personal del autor

Rivera Chacón, Carlos Enrique
Regresan los pájaros, Carlos Enrique Rivera Chacón. 1ª ed. New York: Nueva York Poetry Press, 2022, 176 pp. 5.25" x 8".

1. Poesía costarricense   2. Poesía latinoamericana

Al poeta Ronald Bonilla Carvajal
Premio de Cultura Magón 2015

A la poeta Lucía Alfaro Araya,
gestora literaria del Grupo Literario Poiesis

El sueño de un pájaro se encuentra en el retorno de su vuelo
y en la alegría que expresa su gorjeo.

REGRESAN LOS PÁJAROS

> Bajo de las nubes pasan
> no se detienen en las copas altas.
> Arañan la sustancia de su vuelo.
>
> PEDRO DE RIVERA

Miles de ojos atraviesan la distancia,
vigilan cada trazo de la luz.
Odian los espejos desafiantes
que calculan la profundidad de su mirada.

Ojos de pájaros,
vigilantes del dormir de los hombres
y sus máscaras complejas,
dibujadas en la pared de los sueños.
Adivinanza que se muestra
y hace y deshace los nudos
que nos atan la memoria.

Aves de ojos poderosos,
 lentes convexos
que vigilan nuestras curiosidades
y destapan el sueño
para volverlo realidad.
Vuelos abrazando segundos,
ojos que miran verdades,
alas rogando perdón.

Avecillas que disfrutan el campanario
donde con vivacidad
entonan la sinfonía del regreso.
Volátiles seres
capaces de detener al silencio
y anunciar el barullo de los mensajes
que gorjean desde su cuello.

Miradas
que renombran a los amanecidos
y dan sonrisa al silencio.
Hermosas formas de enfrentar al temor
a la sombra y al misterio.
Pájaros que regresaron hoy
como lo hicieron ayer.

I

Lo filosófico del ser humano busca establecer
de manera racional el sentido de su obra

HOJAS DE PAPEL

Las gotas de tinta manchan
la cúpula de la noche.
Son informes esferas,
burbujas
brotando de los rincones,
de todas las calles
que son los ojos del mundo.

Cosas no sabidas pero escuchadas.
Recuerdos que difunden
y violentan los espacios
que sólo los seres escogidos
pueden alcanzar.

La sangre del poeta
tiene el color de la furia.
Su pluma es una escama viva
que necesita hacer fluir la palabra.

No hay espacio...
No caben más demoras.
Los poetas
seguirán tiñendo las páginas
porque los poemas nunca duermen.

La palabra,
nunca será ceniza de verano.

IDEARIO

Con el tiempo
seremos la esencia
de las espaldas dobladas al sol
y proclamaremos un indulto
para los profanos,
 el sopor y las tardes proscritas.

Se recibirá grano a grano
la simiente
y daremos albergue a cada fruto.
Entonces, quizás, Dios despierte.

De momento
sobre el río anegado,
siento que mis pies vuelan
para no pisar la impaciencia.

¡Estoy volando!
Subo hasta donde nada existe
y saludo a la vida
porque hoy amaneció retrasada.
En cada trozo de humedad
encontrado en el camino
aparecen las sonrisas:
música para recordar.

La mañana está llena de llovizna
y los pájaros se bañan en ella,

porque cuando las mareas crecen
nos conducen al amor.

Así, con el tiempo,
será necesario esconder
la fatiga de los aguaceros
e indultar a la palabra.

DEBAJO DE LA MIRADA

Debajo de la mirada
los aguaceros hacen nido
y el agua exhibe sus poemas.
En ellos
hay una verdad oculta:
los futuros inviernos por caer.

Esa agua esconde
la oscuridad del invierno.
En ella moran los fantasmas
que atisban mi alegría,
formas nacidas de la nada,
que sonríen y sonríen.

En los recuerdos
cada día tiene su nombre.
El horizonte despeja las mañanas
y el viento recorre la sangre
tiñendo las ideas.

Las bocas gritan su miedo
mientras los celajes cortejan
a los colores dispersos.
Entonces,
aparecerá la soledad
y la noche también.

Debajo de la mirada
los pasos se vuelven distancia,
el ayer se escucha aún más lejos
y recordarlo,
        es como vibrar en otro tiempo

EL RINCÓN DE LOS INCÓMODOS

El badajo golpeó el bronce
de todas las campanas
y lo que parecía un simple repique,
fue un enojo total
para aquellos que no gustan
que Dios les recuerde sus trabajos.

La tierra está llena
de hombres plenos de enfado.
Dialogan con la tarde,
son testigos
de que el tiempo
decide quien muere
y quien tendrá que soportar
unas campanadas más.

Todos los rincones son incómodos,
no hay espacios con ventaja.
La terquedad y la incertidumbre
calientan el ansia.
Las cosas tienen un rincón incómodo
donde guardan la esencia
que purifica las respuestas con justicia.

Muchas veces el rincón de todo hombre
es un trozo de verano en el camino.
Y la ceniza que mancha su cansancio
busca paz en el sosiego.

Lo incómodo
no es el transitar de las horas,
sino las aguas escondidas
en los abrazos del mundo,
en la palabra vertida por el hombre
y en la justicia que no trasciende
más allá de lo dicho.
Entonces,
cada rincón es un refugio
donde se esconde la verdad.
El mundo es un rincón inconcluso.
Su figura sin aristas
debe corregirse.

DESPERTAR

Toda mañana tiene sentido.
El sopor de la noche jubilada
quedó soñando bajo las sábanas
que aún
sacudían los lerdos minutos,
deseando continuar con el ensueño.

La mirada me pesa.
Son piedras recién nacidas
y desde mi ventana observo
como los árboles se reúnen
para conspirar contra el viento
que hiere a sus hojas.

Por aquí y por allá
sacudo los brazos y ejercito las piernas,
recordando que la historia de mi casa
se escribió con los carbones
de la cocina de mi madre.

Como era temprano,
visité las torres del aire
y encontré a Dios

soplando sus bondades.
Comprendí entonces
que ninguna angustia borra
la fuerza que nace de los ojos.

Frente a mí,
los centinelas del desgano
atraviesan los momentos.
Comprendo entonces:
que la sinrazón es igual a equivocarse.
Por eso,
cerré los ojos para calmar el llanto
y dejar
que los deseos se deshagan en mi piel
y se muden a la tarde.

Toda mañana tiene sentido.
Y en la sorpresa de esta claridad,
escucho el rumor
que vierte el ramaje de los árboles en celo
En el binario sueño del calor de febrero,
los colores del poró
y el rojo vivo del malinche,
huelen a poesía.

LO INFINITO DE LOS PASOS

Los pasos son huellas indelebles,
nadie los puede borrar,
ni repetir.
Su tamaño define
el acierto de las ideas
y escribe en los mosaicos
muchas razones dispersas.
Algunas veces marcan la proclama
de lo vano y lo maltrecho.

Ellos indican la ruta a seguir
después del descanso:
caminar con acierto,
medir la distancia que falta
para llegar al sendero previsto
y liberar el rostro de los hombres
ocultos en el ir y venir de las sorpresas.

Los senderos malogrados
son viajes perdidos en la historia.
Testigos de los pasos desgastados
en las tantas tragedias recorridas,
de ese peregrinar en busca de la verdad.

Todo camina como lo hace viento,
el huracán o la ventisca azul.

Los pájaros entonces
anunciarán su sinfonía
y todo será entonces,
alegro fortísimo,
cantata del tiempo
en Mi bemol sostenido.

DEJA TU SILENCIO

¡Háblame mar!
¿Acaso no sabes que soy
el vértigo del viento,
creador de tus crestas transparentes
y capaz de convertir tus resacas
en espuma y olas muertas?

No permitas que desvanezcan las oleadas
que van y vienen,
llevando hasta el alcázar de Poseidón
el mundo de los corales.
Tu palabra es oír y venir que se debate
entre la arena amiga,
o la marisma de los riscos
que se burlan de tus mareas.

Necesito tu verbo
para llenar de sal
el sabor de la pregunta
y navegar en la mansedumbre
de tus profundidades.

Deseo que tus burbujas
se deslicen por mi pluma
y con tinta de calamar
se tatúen mis metáforas.

Une tu tibieza a mi impávida figura.
Átame a tu síntesis
cual si fuera pececillo arrepentido.

Háblame, mar.
Déjame encontrar entre tu espuma
el milagro de los días,
ese que me grita a la distancia:

-Tengo frío.
¡Abrázame! Soy el mar.

MI MUNDO: EL UNIVERSO

Encima del asombro
de la oscuridad,
está mi mundo.
Sus cordilleras infinitas
van y vienen
como si fueran olas fecundas.
Sostienen lo profundo,
lo inconmensurable,
el silencio que no tiene mirada.
Pero sabe en dónde se sostienen
los eones cansados
de la izquierda.

El universo,
es un espacio vacío lleno de asombro.
En él, cada paso es tan distante,
tan inimaginable,
que en atravesarlo
duraré,
tantas noches como estrellas
pueda contar en la travesía.

Camino entre energías
que introducen claridad
entre los hoyos negros.
Ellos luchan por absorberme
mientras intento descubrir
el significado de su totalidad.

Estoy seguro:
este silencio me habla
y alcanzo a ver
un movimiento continuo,
un todo sin noches
y muchas mañanas desgastadas.
Es el universo,
una totalidad que nos transforma.
Mi mundo, por el contrario,
es magia y poesía.
Posee mañanas que producen sol,
tardes que visten celajes
y noches que duermen entre burbujas.
Aguaceros que mojan los veranos
y peces que disfrutan mareas
mientras las estrellas nos recuerdan
que todo se llama universo.

Mi mundo tiene niños
que gritan canciones ininteligibles,
pero llenan la mirada.
Y muchos pájaros que, al amanecer,
ofrecen sinfonías
en Do Mayor sostenido.

NO ME ENTIERREN SIN ZAPATOS

Donde está la verdad,
los zapatos son afirmaciones
y el caminar se vuelve sorpresivo
como los aguaceros de octubre.
Las madreselvas
compartieron con las rocas
el camino sin nombre
y llenaron de aromas
los trillos y sus huellas.

Mis zapatos tropezaron con el tiempo
y por cada minuto transcurrido
se me hizo tarde para entender.
Yo no quería que anocheciera
porque conocía el trabajo de las libélulas.
Ellas primero alumbran los cementerios
y más tarde las calles humedecidas.
Su luz ya cansada
parece que duerme
entre los rincones de las losas.

Mis pasos
comienzan a sentir
el frío de la oscuridad,
y algunas luces me recuerdan
que mi caminar se ha vuelto lento.

Abro el paraguas
para no empaparme
de tanta soledad derramada,
sobre las figuras oscuras
que parecen divertirse
entre lo tenebroso
de este parque
que ahora atravieso.

Decido sentarme
en una húmeda banqueta.
Se parece a la cama
que me espera más allá.

Pienso, descanso, dibujo.
Las luces del parque se convierten
en pequeños cocuyos
y me acarician la mirada.
De pronto ante mis ojos aparece
pleno de neblina,
la figura de un hombre de metal.
En una mano carga una antorcha
y en la otra un puñado de deseos.

Tiene los pantalones arrollados
y sus pies carecen de esperanzas.
En algún lugar quedaron sus zapatos
y ahora, muerto,
debe soportar el frío del olvido.

Les ruego…,
no me entierren sin zapatos.
para no cargar por siempre
el frío del caminante.

GOCES AZULES

El color de lo real
está disperso en los goces azules
que se deslizan como gotas
ante los ojos abiertos
de cada noche vivida.

Cada momento es un azul distinto
y de las palabras
nacerán los episodios
que nos mostrarán el camino
para llegar al encuentro
de la complacencia.

Los instantes recorridos
abrieron el camino
que nos condujo primero al silencio
y luego al grito
de los goces por cumplir.

El gozo tiene color,
azul como la transparencia
del cosmos y los sueños.
Color de los encajes de la metáfora
que difumina los tonos atardecidos
y llena de acuarelas
las esquinas del bosque.

Los goces son memorias atardecidas
diseñadas por el lápiz
cada vez que el agua,
termina arropando al estío
cuando vuelan las libélulas.

PRONUNCIACIÓN

Poesía:
pronuncio tu nombre
en medio de las miradas
hacedoras de mañanas
rotuladas por sol.

Recojo los sonidos de las cascadas
dispersas como tu acento,
en las metáforas
que forman el verso y el poema.

Acentúo el espacio de tu voz
que se diluye en mi oído
como una sinfonía sin acabar.

Sonidos convertidos en poemas
que sublevan la tinta del poeta
mientras se resuelven
el ayer, el mañana y las fases de la luna.

Poesía, pronuncio tu nombre.
Repito las sílabas que te abrigan
mientras tus páginas
levantan la bandera,
que nace de tu vientre.

EL SECRETO DEL MUNDO

El mundo es un secreto
aún sin comprender.
En sus manos,
las venas de su peregrinar
han herrumbrado al tiempo.

El camino hacia su montaña
crece y decrece como la marea,
porque fue dibujado de noche
y llenó de viento el secreto.
Su montaña gime
al igual que las piedras que la abrazan.

Pero hay algo aún sin conocer,
un secreto escondido
en el cóncavo misterio de su ayer,
un ayer de largas transiciones
marcadas en el eón
dibujado en los siglos.

Entonces, el secreto del mundo
está escondido
en el pensar y su congoja
y entre el sueño que se deshila
en madejas de realidad.

El secreto del mundo
está escondido en lo no entendible,

pues detrás de mí,
solo hay espacio,
pero en el diámetro de esa esfera,
existen dos silencios
y en cada uno de ellos
se esconden las huellas
que no he podido entender.

CUADRO SIN FORMA

Este cuadro sin forma
del mundo que me anida,
es un óleo del tiempo
manchado por el aceite
de la mano que así lo plasmó.

Franjas de azul cielo
con un sol difuso y opaco
y una luz misteriosa
que oculta su verdad.

Verdes,
en el centro del pecho
simulando hojas de vida,
imágenes
transferidas por el pincel
en el ocaso de la tormenta.

Café y negro,
tierra visible, etérea, corpórea.
Blancas imágenes de hielo cautivo
que sofocan su cabeza y sus pies
palpables y sostenidos.

Transparencias como si fueran nada,
rellenando nubes,
agua entregada al vaivén
del espacio y su beso,

deslizándose por el lienzo
como serpiente agresiva.

Manchas irisadas
revertiendo la grafía
de un cuadro diseñado en el oleaje
producido por el pincel,
cuando esparce hacia aquí
o hacia allá,
el discurso de la paleta de colores
en busca de algo más:
la forma.

NOCHE TRANSFIGURADA

La noche que se espera,
ya no existe.
El neón y el led
maquillaron su figura.
Hoy se ven sus rincones ocultos
y los pasos del tiempo
desahogan su congoja.

Todas las noches tienen maquillaje.
Están repletas
de sombras y de atisbos
que regresan de su descanso
y en la penumbra,
los pájaros nocturnos
con ojos de felino,
encuentran las puertas entreabiertas.
Cada máscara que asoma,
confirma la existencia de un misterio.

Hay tantas formas de encontrar la luz
que buscarla se convierte
en trabajo y desgano,
pues la noche se reparte
entre la paciencia,
el abrazo
y el gemir de la madrugada.

Esta transfiguración
me recuerda a mi madre:
en una noche parecida,
se volvió liviana
y se confundió con las nubes.

Desde entonces,
ninguna noche es igual.

Todas tienen miedo, insomnio y vuelo
al igual que la montaña.

Su locura se repite
como figura en el espejo.
Las criaturas y yo
somos inocentes.
No entendemos
el por qué,
por las rendijas del poema
la luz de las luciérnagas
se apaga ante el neón.

Entonces, cada noche es diferente,
los crepúsculos desaparecen
y los colores
guardan sus matices
en la piel de la oscuridad,
Ya transfiguradas
me dejarán dormir.

Dar vida a la muerte

Morir
es un atardecer pleno de celajes,
un momento sinfónico,
una ejecución del allegro fortísimo
que induce
a abandonar la calidez de la butaca
y sonreír antes de partir.

Morir es el reto
de ser madera quemada en el tiempo
pleno de cenizas oscuras.
Es un hablar personal,
monólogo que solo escucha
la soledad de la muerte.

En su poesía, el poeta tiene vida.
En su recuerdo, la muerte se asoma.
Jugar a morir es un reto persistente,
Hay vivos que muertos están
y muertos que vivir debieran.

EL CUERVO

Y de pronto me alcanzan
los últimos cuervos…
y las mismas palabras.

RONALD BONILLA

Cuervo,
criatura inteligente
que Esopo
dejó para siempre en su fábula displicente
como ave icónica o tótem protector

Ser negro y brillante,
¿es una maldición?
 La noche es parecida
a la mirada penetrante de ese pájaro,
y a las creencias
cargadas de horror
y pálidas imágenes.

Un cuervo es magia que comunica
al mundo
con la vida circundante,
un sortilegio nacido en el pensar,
en el dilema y en el escalofrío.
Consejero del miedo
y de las ideas
que gozan con el pavor
de lo ignorado.

Cuervo de los milenios.
Ave mítica de los sueños.
Productor de verdades
capaces de anidar terror
cuando se asocian con la muerte,
la determinación y la audacia.

Pájaro enervante,
símbolo de lo oscuro, lo encubierto
y de la magia oculta en la negrura,
 lo inesperado y el asombro.

Enigma en el tiempo.

FIGURAS

Los cuadrados sostienen
cuatro líneas en concierto
y los cubos
son proyectos por concluir.
Hay elipses en el viento que circula,
mientras las esferas forman burbujas
en la boca de los peces
y en los dibujos del amor
 en el amanecer.

Los rectángulos son las páginas
donde duermen los poemas,
que nacieron del encuentro
de la mano y el beso.

Cada círculo es un ojo que nos mira,
un atalaya que escudriña
 el borde de los aguaceros
que bañan los caminos
profundos y llenos de nada,
como si fueran parábolas dibujadas
en la inmensidad del universo.
Figuras delineadas en los brazos de la tierra
donde crecen los hombres.

En la esfera se esconden todas las figuras.
La recta actitud de las gotas desprendidas,

la inclinada pendiente
que recorren los pasos olvidados,
la curva de los ríos
que serpentean la montaña
promoviendo círculos
en las olas que se fugan.
Todo tiene forma, hasta la poesía.

El mundo es una figura.

LAS MÁSCARAS

Hoy y siempre
cubrirán el rostro del mundo
y en un acto ceremonioso
ocultarán la realidad.
Detrás de ellas hay un misterio:
transformar el rostro
en miradas impunes
o en mentiras que no se deben recordar.

Una máscara se carga de intenciones,
de simbolismos profanos
o de simples deseos
de ocultar el rostro,
aunque los ojos griten
que tras la máscara se encuentra
una terca realidad.

Arquetipo esbozado de un juego,
amor o miedo que se oculta,
verdad enmascarada
de la timidez o la mentira,
que no se pueden exponer
ante los ojos paganos,
para quienes la máscara
es un simple antojo
que divierte.

Mis ojos esconden el axioma,
su incontenible forma
de abrazar la noche
y de respirar los aromas de la malva.
La máscara es un inconsciente personal
que representa los temores
y las aspiraciones
de ese yo que me trasciende.

Hay máscaras ligeras
como soplos que arrastran a los hombres
hacia la inconclusa realidad del pensamiento.
Otras negras
creadas por la autoconciencia
para cubrir el sentimiento y el simbolismo.

Las máscaras no cubren
todo lo que se quiere ocultar.
Debajo de esta mentira que sofoca mi yo,
se oculta la verdad,
el dilema, lo real y lo inconcluso.

LOS PIES DEL VIAJERO

> Dicen que para humillarnos
> la muerte nos obliga
> entrar descalzos en su reino.
>
> JUAN CARLOS OLIVAS

Nacemos para ser viajeros
en un mundo sin nombre.
Para hacer sangrar los pies
y endurecer su caminar.
Somos transeúntes
de una vida pasajera,
peones incansables capaces de viajar
por la lógica
de un periplo sin regreso.

Cansados del martirio
de caminar descalzos
por los pasos silentes
de la paciencia
o de la vorágine,
los pies encuentran el equilibrio
de la búsqueda de un algo
que se desconoce:
las huellas del tiempo.

Caminar, conquistar los aciertos,
la existencia
y cargar sobre la espalda

el mundo del Atlas mitológico
que nos acompaña
junto a los almanaques.

Caminar
es ir a encontrar lo que se busca,
el signo persistente del viajero
que sabe dónde se encuentran
sus anhelos,
y la causa de la fatiga de sus pasos.

Cada sorpresa,
nos obliga a repasar lo recorrido
para tratar de desandar los pasos,
anudar aquello
que solo se le permite a la mirada,

Al final los pasos del viajero
dejan sobre el suelo,
la huella del caminante que pasó.

METAMORFOSIS

Somos humanos
nacidos en la ignorancia.
Criaturas producto del eros furioso
que goza al calor de los orgasmos

Nuestros ojos alcanzan
deseos incalculables
y esperanzadoras lágrimas
capaces de cambiar
todo lo que miran.

Nuestra voz se apresura
a conquistar el mundo,
a celebrar el cumpleaños de los cambios.
Dejar de ser niño.
Amanecer de nuevo.

Todo cambia, todo nace,
todo crece.
El ayer ya no es hoy.
El mañana nacerá del milagro
de las horas recorridas,
y el sol aparecerá
con nuevas vestiduras.

Natura y sus acertijos
estrenarán nuevo traje.

Seremos algo más que una piel
estirada por los años,
seremos pájaros viajeros,
un misterio que no conoce a Dios
pero lo encuentra en las gotas de rocío,
en la tormenta y en el amor.

II

Nos obligamos a convivir
debido a una necesidad de pertenencia.

JACARANDÁ

Jacarandá mimosifolia

Jacarandá,
estoy sobre la incómoda silla
de esta vida palpitante,
en espera de tus flores.

Los mitos y leyendas acompañan
el perenne transitar de tu sombra,
tu ramaje, tu corteza y tu diario amanecer.
Jacarandá de las supersticiones,
de los amuletos y los conjuros
ocultos en azul de tus flores
parecidas a zafiro,
flores amantes de la sequía
y la paz de la primavera.

Una forma de sombrilla verde
cubre tu ramaje
y las grietas profundas de tu corteza
son parte
del beso diario del sol:
la caricia que te abriga.

Escondes, con pulcritud de dama sonrojada,
la hermosa forma de las castañuelas
que encierran tus semillas,
mientras tus raíces

horadan el silencio de la tierra
para dar seguridad
a tu presencia.

Cuando floreces
junto al aroma que emanan tus corolas,
los taninos
las convertirán en vino,
sabor de un mosto especial
que recuerda los hollejos de la uva.

Jacarandá florecido de los veranos,
sobre mis hombros abunda el cansancio
y mis ojos apenas alcanzan
a mirar tu sombra.

LOS TATUAJES DE FEBRERO

Y tras llegar febrero,
quise conocer cada uno de sus días.
Acorralé el nacimiento de sus horas,
e inquietas preguntas
buscaban dar respuesta
a esas manchas
que oscurecían la aurora.

El sol del estío había tatuado su frente
y la mañana, con sonrisa de mariposa
recorría los entornos
como si fuera libélula sedienta
que buscaba compartir su cópula.

Una mañana insolente
buscaba ocultar su maquillaje
entre el polvo que la brisa levantaba,
blandiendo sus enaguas
y dejando su tatuaje al descubierto.

La tarde se manchó también con los celajes,
pátinas multicolores
que abrazan
a los días plenos de arcoíris,
ocultos en la calima de su crepúsculo.

Presagios de buenas nuevas
que irán ocultándose

según la fuga del horizonte honesto.
Tardes llenas de malinches
de porós y jacarandás,

Tatuajes de febrero,
cerrojos de las ventanas del cielo
para que no escapen los milagros
de la noche agradecida,
mujer de color sin luz
y de matices oscuros.

Tatuajes de mi febrero
que pueden coserse al almanaque
como si fueran letras
y números inconclusos.

Oscuridades bordeadas de colores
y de raras sensaciones ocultas.
Imágenes que transitan
alrededor de la mirada,
mientras dibujan las formas
reflejadas en el devenir
de las horas que se deslizan
por la piel de cada día.

ENCUENTRO

Yo venía de las sonrisas de la escuela.
En mi bolsillo mil cosas
y en mi mente,
el Himalaya colgaba pleno de preguntas
que buscaban respuesta.

Las puertas del colegio,
abiertas al pensar inconcluso
de mentes aún sin figura,
parecían brazos deseosos
de apretar el primer día de clases.

Él, venía de los caminos fríos
donde se siembran los consejos
y más tarde se recogen
los pergaminos de mañana.
Un cuaderno doblado
en el bolsillo trasero del pantalón,
retaba las curiosas miradas
que desde el fuego de los ojos
lanzaban cuestionarios sorpresivos
a la figura de lentes gruesos y atrevidos
que, en una esquina del ambiente,
parecía buscar refugio en la esperanza.

Él era Debravo.
Sereno, juicioso, calmo.
En su mente plena de anacardos

la justicia de los hombres asomaba
como si fuera el pan de cada día.
De su pluma brotaría el relámpago
que iluminaría la palabra.

Aquel, el de los pómulos quemados,
atravesó los caminos polvorientos
del San Antonio lejano
y con sonrisa atrevida
buscaba los afanes insurrectos.
Todo él, una figura
buscando las migajas del encuentro.
Su nombre se escogió entre muchos
y Laureano terminó escribiéndose.
Altivo, ágil, sorprendente.
Caminó las noches más curiosas
y regó los geranios con su verso.
Miles de poemas hoy transitan
en medio de acuarelas y recuerdos.

Yo, conjugué las amistades
y repartí mi sonrisa con los pobres,
mientras mis ojos crecían
junto a la edad que me iba cobijando.
Al final también apremié los tiempos,
sembré las semillas de camino,
escogí los instantes azules cada vez que pude
y junto a los inviernos que faltaban,
disfruté las raíces de la tarde,
mientras el eco de las voces

evocaba en mí
los acordes de la sinfonía del ayer
humedeciendo la apología de la mirada.

Tres caminos
convergiendo en uno solo.
Memoria del ayer enclaustrado
en el rollo de los almanaques,
que algún día tendrán que abrirse
a la historia y al recuerdo,
como si fueran cenizas
después del abrazo del fuego.
Tres voces: la poesía.

MERCADO CENTRAL

De tu longeva estancia
salta la algarabía
y conviertes en festejo
el llamado a compartir la jornada.
Hoy, mañanero acoges
canastos, hombres y esperanzas
y conviertes el silencio en bullicio.

Nace la luz…
Se abren las puertas.
Las voces entonan su fiesta.
Aquí,
las pomas, las rosas, las gladiolas.
El amor y las ofertas
invitan al convivio.
Las jaulas exhiben
a los pájaros cautivos
brincando de aquí para allá.
Mientras la dama de enfrente
exhibiendo su delantal,
ofrece como si fuera un altavoz
y a competencia anunciada,
girasoles, calas y sonrisas.

— ¡Naranjas, chile, culantro,
cebolla, apio y perejil,
todo traído de Cartago—,
ofrece por ahí Gamaliel.

Así comienza el compartir,
el costo y el regateo.
—Venga por acá—,
indica un hombre delgado
como los mismos fideos que ofrece.
—Hoy estamos de oferta
y si paga dos, se lleva tres—.
En la carnicería de enfrente,
Luis, como siempre activo,
grita a más no poder:
— venga por su jurel o pargo
su chuleta o el pollo fresco,
las proteínas para quitar los cólicos
o su aceite para la piel—.

No faltan en muchos puestos
quienes quisieran echarnos,
dentro de la bolsa de la compra,
la tamuga para la aguadulce,
un pedazo de queso fresco,
las chuletas y el chorizo
o también un comal.

Vivaces ojos ofrecen
los condimentos que esparcen
sus aromas y sabores
y algunas manos traviesas
adornan la ocasión
haciendo que las chancletas
festivas y coloridas,

cuelguen sobre el dintel.
Mientras los botones,
solapados en cajas,
parecen no despertar.
Más adelante aparecen
la sopa o el gallo pinto exquisitos,
y ollas, platos y cucharas
cuelgan en la pared;
mientras una chiquilla
ofrece hojas para el tamal.

— ¡No se olvide de su nena! —,
grita por allá la Rosario,
mientras en sus manos agita
dos o tres de los vestidos
confeccionados con gusto,
para distintas edades.
De tu anhelo hospitalario
saltan voces, van y vienen ideas,
lo ofrecido tiene precio
y las monedas su oportunidad.

Hay personajes atentos
que invitan a compartir la mesa
con el mondongo o el pozol,
empanadas o tortillas
acompañadas de café,
abrazos que ofrecen todo,
helados de sorbetera
y algo más para llevar.

Nada falta en el Mercado.
Ciento treinta y ocho años de plaza
no te van a defraudar.

ENTRANDO A EUROPA

La tarde se niega a morir.
En la infinitud de las cosas
las sombras
inventan noches y acuarelas
y cada pedazo de sol
se resiste a pronunciar el adiós.

Desde arriba,
todo es pequeñez
y de cerca,
una realidad que me estremece
sin importar el cansancio.
El juego de las ideas
confunde la mirada
y desde lo alto,
todo parece igual.

El tiempo recorre la distancia
y dibuja esquemas imaginarios:
tierras redimidas y habitadas,
ríos sinuosos que hieren la montaña,
océanos agresores
ocupando los espacios olvidados.

Desde arriba, nada tiene dueño.
Lo que miro,
no sé a quién pertenece.

Puede ser de la Iberia hermanada
a Portugal
o de la Francia que erigió una torre,
en recuerdo de la historia de la Galia
o de la Germania altiva,
la de la cerveza de burbujas traviesas
y el Volkswagen, lujo de los pobres.

Desde arriba todo es igual.
Los ojos no distinguen las fronteras,
ni separan los árboles del agua.
Los hombres tienen tierra, como tienen aire
y yo me siento dueño
de todos los pájaros que vuelan en libertad.

Las nubes me acarician
esperando una sonrisa.
Amo esa creación
que no distingue las fronteras,
amo el aire que vuela aún sin dueño.

Son las veinte horas.
La tarde se niega a morir.
La noche tendrá que esperar
la rendición del sol y su agonía.

LEGADO

Nos abrazan:
la enfermedad,
la bala incierta de la guerra,
el ritmo de la Tierra jadeante,
el hambre, el coronavirus
y el aire que nos envuelve.
El silencio ígneo
del cambio climático
y los muchos desperdicios
del pavor nuclear de las potencias.

Los que ayer fuimos germen
en una tierra sin mácula,
entregaremos el relevo
a las nuevas generaciones
y lo deberán de recibir
con guantes en las manos
y caretas en el rostro
para evitar el contagio.

Somos libres,
pájaros de aventura mañanera.
Libertad en palabras francas
mal entendidas y abusadas,
que provocan la maldad que nos envuelve.
Nos imponen absurdos e injusticias.
No hay acuerdos.
No hay respeto.

Llora la tierra y el océano también.

Natura nos llama a entender
que el odio separa las miradas
y los pasos se recorren tomados de la mano.
Si el mal aparece por las noches,
la mañana debe descubrir de nuevo al sol.

Entonces el camino debe ser
una ruta de sonrisas aprendidas
y muchos abrazos sostenidos.
Decir no a todo aquello que no cabe
en el ideal trazado.
No ser rebaño sino fiera
que busca ser libre como el aire.

La congoja nos acosa
como peces cercados por la red.
El escape nos obliga a no rendirnos,
a luchar por los rayos de ese sol
que nos seduce
y por el olor a esperanza
que se reparte sobre la piel.
La batalla al irrespeto de la tierra
recorre angustiada el momento.
Somos invitados
cubiertos de pensamientos extraños
y plenos de congoja.

Dejemos que la tierra
tome su ritmo de anfitriona
y hurguemos en las horas
el ir y venir de los segundos
que nos abrazan.

Somos libres,
aun sabiendo que el abrazo nos contagia.

GRAFFITI

No más mentiras,
la Patria es de todos.
En la blanca pared de una casa
que semejaba nubes sin verano
anoche, alguien,
dejó impresa su disconformidad.
Un grafiti, una forma circunstancial
de expresar un sentimiento,
una molestia, o la incultura.
Arte visual callejero que expresa
y manifiesta el sentir del ser humano
desde una perspectiva humorística,
de crítica o protesta camuflada
en la oscuridad de la noche.
Contaminación visual
de una composición pictórica
sin autorización alguna,
Abstracto sentir,
protesta
o imagen cautiva en la pared
que desborda paciencia y talento
que abraza una superficie resistente.
Arte visual callejero
humorístico, crítico, ideológico,
popular.
Realidad social del momento
o desahogo del ego perverso.
Arte ilegal, o vandalismo.

II-2

La pandemia del siglo veintiuno

QUEDARSE EN CASA

A todos los amigos que no puedo abrazar.

¿Quién me obliga a tal custodia
cuando tengo en mis afanes
jornadas inconclusas
que me obligan
a irrumpir los caminos
quejumbrosos?

¿Tú,
atrevido corpúsculo
sin alma y sin cuerpo,
esencia del dios de lo invisible,
mordiente bestia
que acecha y asesina?

Quedarse en casa
porque mis ojos y mis manos
son incapaces de esquivar
lo imposible.
Contar las rendijas
por donde asoman las angustias
y limpiar la soledad
con el alcohol de las sorpresas.

Mirar hacia la puerta y prohibir,
aunque me duela,
la entrada de las diáfanas sonrisas

y de todos los oráculos
que bendicen mi encierro,
evitando que la enfermedad
se cuele entre mi carne.

Quedarse en casa
con Beethoven y con Mozart,
Darío, Ronald y Julieta.
Con un reloj colgado en la pared
que me grita las horas
y me advierte que la muerte me sonríe.
Llorar, elegir nuevas oraciones
y recordar a los hijos que distantes,
emulan con respeto mis propósitos.

He contado uno a uno los latidos
jadeantes de mi encierro.
He concluido los poemas que faltaban.
Pero tengo atravesada entre mis pasos
una jornada por vencer.

Marzo 2020

REFLEXIÓN

I

Renacer del olvido

Todo se entregó al olvido.
Los besos que llenaban el asombro,
los abrazos que medían sonrisas
y las manos que apretaban recuerdos,
sucumbieron
ante la presencia crucial de un enemigo,

La vida cambió,
Los momentos, los abrazos,
y las sombras,
ocultaron su mirada.
Los manjares que calmaban los antojos
y las manos gozosas,
fueron sorprendidas
por burbujas de jabón y mucho alcohol.

La soberbia
se partió en pedazos
cual jarrón de porcelana.
De rodillas
el hombre imploró piedad.

La importancia del amor y la amistad
se reprimió ante el acoso de la muerte,
y la sonrisa enfermiza
nos obligó a mover los solsticios del verano.
Las calles se llenaron de temor,
de cuidado y vana ausencia.
Las familias se apuñaron en las casas
y el calor perdido en ellas renació.

Todo lo que ayer cayera en el olvido,
hoy renace
al resguardo del invasor.

Abril 2020

II

Larga espera

Los árboles callan
porque algunas hojas aún están durmiendo.
Nos aislamos, sí,
para unirnos en el concierto de la familia,
donde los espejos
estaban ausentes de miradas,
de sombras y de olvido.

Los poemas hicieron llorar
a los abuelos.
Sinfonía de llamadas
con un te quiero mucho
condujeron sus ojos hacia el amor,
volvieron su mirada a los demás.

Nuevamente juntos,
sentados en la mesa,
y sobre el tejado enmohecido
la lluvia entona su oda matutina.
Nos aislamos para unirnos
en la enésima curva de la vida.

El enemigo cambió los valores.
Quienes antes solo eran
seres de gabacha blanca,

hoy reciben
mil bendiciones de color gracias
que llegan hasta sus manos.

El mundo cambia, se acomoda, medita.
La ciencia levanta su voz
y arrodilla al músculo económico.
Lo que antes era fuerza, energía, discordia,
hoy solo es un andrajo escondido y con miedo.

El abrazo está sobre la mesa,
el beso sumido en la sonrisa.
Cuando lo oculto que nos humilla
sea por fin vencido,
la larga espera
cambiará el presente.

Mayo 2020

III

Diferentes

La orquesta de los pájaros,
llegó a nuestros oídos
desde la ventana.
Fogosos, plenos de libertad,
nos hacen pensar en nuestro cautiverio.
Ellos, los amigos de la naturaleza,
nosotros, los irreverentes amos.
Pero el enemigo
nos desvistió.

Reflexión sí, reflexión.
El virus nos encuentra
aunque nos ocultemos
en lo más negro de la sombra.
Todo lo que destilan nuestros ojos
huele a salud, a higiene personal,
a mirarnos las manos
y descubrir,
que ahí podría estar, mirándonos,
abierto a la carcajada maligna,
antes que un poco de jabón lo destruya.

La geometría de la palabra
no se ajusta a esta realidad,
el pensar se ha vuelto gris
como marfil enmohecido.

Nuestros sueños encarnaron alas
que hoy pesan y no nos dejan volar.
La humanidad necesitaba esta vorágine,
la obligación de despertar.
Pudimos ser pájaros y hoy solo somos piedras.

Juntos, sí.
Nueva palabra que en los ojos cobra vida
porque la mentira nos había vuelto lentos.

Hoy las ciudades tienen frío.
La pobreza alquila sus aceras,
sus recodos y escondrijos,
pagando mil angustias por semana.

Pero el beso volverá.
El abrazo tocará nuevamente la espalda,
la mano extendida no tendrá virus
y ese apretón será muy diferente…

La angustia cambiará su imagen,
tendrá sonrisas de color sueño
y el despertar abrirá los brazos
a las nuevas jornadas bendecidas.

Junio 2020

CUÉNTAME

Ocultos en la concavidad de esta casa
habitan los misterios
en los que estoy anclado.
Los hijos, los retratos, las pinturas,
el recuerdo profundo,
y el cansancio de mi propia sombra.

En casa
todos los cuartos están ocupados.
¡Son mis hijos
y no conozco sus detalles!
Esos símbolos que preceden al encuentro,
al abrazo, el mirarnos a los ojos,
el contarnos nuestras cosas,
pues ahora, todos estamos en casa.

Larga, con diez sillas y deseosa,
una mesa nos invita
a tomarnos de las manos, cerrar los ojos
y agradecer al Supremo
los alimentos y el encuentro.

Cuéntame. Palabra que el viento
se había llevado anudada a sus pasos.
Episodios mansos y lentos
que el océano de la prisa oscura,
convierte en claridad en estas horas.

Papá, mamá,
devuelvo la sonrisa, y disfruto su alegría.
Las congojas que suda el mundo
me envuelven
y la tarde y la noche
son misterios que hay que descifrar,
porque hoy todo tiene
el mismo color de la mañana.

El nuevo cirio
es capaz de alumbrar hasta las luciérnagas.
Hoy, esta unión que nos convoca
fue inscrita en la transparencia
de lo que habíamos olvidado.

Hemos vuelto a declamar los versos
que aprendimos en la mocedad,
a oír cantar a los hijos,
escuchar al abuelo y sus relatos
y disfrutar las recetas de la abuela.

Una pandemia me recordó
que una casa,
no es un lugar solo para dormir.
Es un santuario
donde las noches largas del invierno
y las mañanas agitadas del verano,
me dicen: ¡alto!,
hoy debes despertar.

18 de julio de 2020

ABRUMADO

Las horas se divierten con el péndulo,
porque ellas simplemente
son tiempo desgastado.

Son las formas
que me vencen cada noche.
El encierro es una tormenta
que me conduce
hasta las horas desgarradoras
que gritan mi nombre,
como si fuesen humanas.

El aire se volvió tan mío
que todavía albergo
su respiración en mi garganta.
Aun así,
siento que el cuerpo se me deshace
en hilachas de sopor y sufrimiento.
Las noches se agitan en mis ojos
como si fueran lágrimas por nacer.

Donde están las noches interminables,
la angustia, el cansancio y el reloj,
tratando de descifrar
la ecuación más oscura del encierro,
están también los ojos, el miedo y el olvido.

Las gubias del momento me han permitido
moldear los pensamientos
y forjar nuevas mañanas,
mas no siempre la aurora
es la voz que nos trasciende.

Más allá de las criaturas irreales
que mi mente dilucida cada noche,
está la puerta de mis ojos,
que busca y busca la respuesta.

Pero el pensamiento se detiene
en el vórtice de mi memoria.
Cada pregunta que me hago
es un silencio que me abraza.

Busco y no encuentro,
pregunto y no hay respuesta.
El tiempo
no es capaz de descifrar
este encierro trashumante,
que atraviesa y perfora
los horcones de la paciencia.

Estoy sumido en el tiempo…
pero voy a soportar.

20 de agosto de 2020

UNA FIERA EN MI PUERTA

Afuera alguien grita:
¡llegó el mes de la Patria!
Mas en silencio mi mente dice:
las calles siguen vacías.
Solo hay perros que ladran,
corren, juegan, se atacan,
comen lo que encuentran
y dentro de catorce días estarán igual.

Mi mente se confunde.
Soy humano.
El viento me crece entre las uñas,
mientras el miedo me acorrala
y me impide cruzar la puerta de mi hogar.

La fiera está llamando.
La escucho.
Pero mis ojos se resisten a su encuentro
porque saben que nunca la podrán enfrentar.
Ella espera el descuido
para acometer
al mundo que se deshila.

Algunos pájaros olvidan su canto cuando anochece.
Yo quiero olvidar mi congoja cuando amanece.
Amo las piedras porque ellas siempre están en silencio
mientras mi pensar se deshace en gritos.
Grita la mente, gritan los ojos,
grita el vacío de los espejos,

mientras gorjeando los pájaros vuelan
sin preocuparse de nada.

Ciento ochenta días.
Las paredes me acusan
de ensuciar con mis pensamientos
la paz de su pintura.
En la soledad de este escalofrío que siento,
recuerdo que soy mortal,
que, si el corazón está cansado,
emprenderemos el viaje juntos.
Que, si mi cerebro ya no quiere pensar,
juntos entraremos en el silencio
de las cosas. Moriremos.
Pero me agobia saber que no veo al enemigo
que me espera en el quicio de la puerta,
porque quiere que yo muera encerrado
entre el silencio y la congoja.

Es setiembre
y la lluvia cambia mi piel
por pedazos de madera blanca.
La jauría de las hormigas
sube por todas partes
porque no tiene miedo de contagiarse.

Estoy a un solo verso de conocer
si las noches tienen miedo como yo.
Mientras tanto,
el cubre bocas hablará por mí.

Setiembre 2020

BLANCAS Y CELESTES

La pandemia le arrebató al mundo la sonrisa.

En honor a los médicos y enfermeras
que durante la pandemia,
han asistido a la humanidad.

No mires al cielo ni eleves clamor,
recoge tu esencia y vuela.
El cóndor no mira hacia abajo
mientras recorre la distancia
que lo separa de su presa.

Ella llegó para quedarse
y desafió a la economía,
puso a la ciencia a sacudir sus leyes
y a la humanidad a meditar su andanza
No mires hacia abajo mientras vuelas
porque pierdes la distancia.

Nosocomios plenos,
como fiesta de pueblo.
Y un corre, corre de aquí,
que voy para allá,
fue el desgrane
que matizó las salas de cada hospital.

Las mañanas perdieron sus matices,
el gozo dejó de ser alegría,
el llanto y el cansancio se asomaron por las ventanas.

La muerte tomó venganza por los rescatados
y como rapaz, que escoge
desde las alturas a su presa,
se lanzó decidida
sobre el exánime aliento,
que, sin querer volar, volará sin rumbo.

Manos seguras,
miradas plenas de angustias,
abrazos que llenan de ánimo seguro
y consuelos que nacen
más allá del sueño,
son las campanadas que frotan espaldas.
Yo no quería, tú tampoco, nadie por supuesto,
es el trisagio que, a lo largo del día,
recorre pasillos, pensamiento y angustias.

Batas blancas y celestes,
dioses o ángeles cansados
que se entregan,
clamando misericordia.

Médicos y enfermeras,
almas que burlaron la muerte entre la sombra.
Hoy mi poesía,
 con la metáfora que anima y difunde
su valor y su entrega,
se abraza a su cansancio.

10 de enero de 2022

TANGO

A la memoria del Che Oscar Molinari

Acaricia mi ensueño
el suave murmullo
de tu suspirar
cómo ríe la vida
si tus ojos me quieren mirar.

ALFREDO LE PERA

Argentina querida,
la vida es un tango.
Recorro tus calles
y el aire susurra
como cuando amanece
y lejos del llanto, me abraza la luz.

Afloran las lágrimas
en los ojos verdes
como la montaña misma,
y en Mar del Plata
la lluvia besa
la floración que se avecina.

Mi bandoneón toca
las últimas tonadas
cansado ya del tiempo,
mientras recuerdo la milonga,

las calles de Rosario
y el jardín de Santa Fe.

Aún miro el suelo
donde se dibujan los pasos
y se enciende el amor.
Los abrazos estrechos
o abiertos al inicio,
tango que llevo en el pecho
y lo tengo que entonar.

Cuatro por ocho,
no importa el ritmo,
hoy te dejo en abandono.

La vida es un tango,
y en diez minutos de amor,
el sol recuesta sus faroles
en el mejor arrebol de la tarde,
mientras la milonga
en un dos por cuatro,
arremete con furia
dejando entrever
la fragilidad del encuentro.

Tango, milonga que nace en el suburbio,
hoy, con Sábato, Giorlandini y Gardel
me atrevo a desafiar
el polvo, el compás y el tiempo.

III

Algunas de mis verdades
están pintadas de plata

MINUTOS CORTOS

Los minutos son gotas deslizándose,
segundos escapados
de los almanaques del tiempo,
pequeñas horas que han perdido
el valor acumulado
en las eras malogradas.

Yo soy el tiempo.
Mido el poder de la palabra
porque tengo el verbo atenazado
entre lo real y lo inconcluso.

Y en cada minuto liberado,
sesenta preguntas se deslizan
como un alud
y necesito cubrirlo con respuestas.

El tiempo es ciego.
Solo necesita buscar el espacio,
para liberar su fatiga.

El tiempo muere y renace.
El tiempo es hoy.

MI SECRETO

Casi no caben en la memoria
las huellas que animan mi camino.
Dejé que mis ojos resguardaran
eso que no quiero anunciar
estando vivo.

Alguien quiso clausurar los espejos
que a diario visitaban mis congojas,
como si fuera pan devocionario
que no podía faltar.
Ese que cuidadosamente guardo
en el armario de caoba,
escondrijo vetusto que me acompaña
desde el día en nacieron mis edades,
tabla armónica que señala
mi arte y mi oficio.

En las Semillas del camino,
están las raíces, secas, curvadas, crujientes,
que forjaron el camino paralelo
de las aves que nacieron sin plumas,
repartieron milagros y emigraron
al calor de los veranos.

En los Instantes azules,

dibujé los colores del regreso
y puse las memorias a secar
para que fueran deshilándose
y llenando la mirada de plenitud.

Los inviernos que faltaban asomaron
cuando todo parecía angustia,
y de nuevo los retoños anunciaron
el tránsito del verde de los árboles.

En las Raíces de la tarde
el amor tocó la puerta
y todos los veranos florecieron
porque abril
se desprendió de sus quehaceres.

Más tarde,
Las fábulas desde el Bosque
acariciaron el encuentro con la ciencia,
y el asombro del bosque.
Pusieron a bailar a la montaña,
las raíces y los pájaros.

La Sinfonía del ayer, es un secreto.
Reserva cuidadosa del concierto
que se esgrime.
Sigilo que oculto
en los almanaques que me faltan
y en la virtud que me acompaña.

Hoy la Apología de la mirada,
clama por el amor de los ojos secretos
y tiende imágenes en las aceras,
para que el viento las disperse.

Mi secreto, lo resguarda la poesía.

TODO TIENE UN PROPÓSITO

Nada es para siempre.
La quietud nos conduce al abismo.
Cada uno a su manera
debe remar hacia adelante.
Levar el ancla que nos ata,
y navegar, navegar.
La misión de la vida es avanzar.

El futuro nos vigila.
Quiere que lleguemos,
arrodillados o nadando.
En nuestro mar, las sílfides
respiran nuestro aroma.

Todo tiene un propósito,
las estrellas brillan
para anunciar la noche,
las hojas caen del árbol
para racionar el agua,
los niños crecen para forjar al hombre
que debe buscar
los rostros de los que madrugan
y los acordes que tienen al mundo
aun girando.

Estar de pie, firme,
y en cada palabra escrita
Dios nos grita:

—socava las mentiras
y emprende el camino,
debes fijar el propósito de tu brújula:
ser el imán que te conduzca al puerto.

EL MORDISCO DE LOS PECES

Olas sin nombre,
peces mordiendo sal.
El sol y mis ojos
advierten las memorias escondidas
en la arena, las conchas y las redes.
Cada pedazo de mar
tiene flujo y reflujo entre sus manos
y muchas mareas exorcizadas.
Deduzco que algo falta en el contexto
de esas aguas clementes
que son madres de Corales,
huracanes y ballenas.

Desde mi barca
saltan los anzuelos
en busca de atunes y calamares.
Mas siento que los hijos de las profundidades
están ausentes en el festejo,
su luz no alcanza las manos del sol.

Lo abisal no emerge,
no se llenan las olas
de su constante locura;
y la sal me corroe
las esquinas del ancla.
Será necesaria una tormenta
para que nazcan nuevas estrellas de mar,
almejas y tiburones.

Despierto y encuentro la sorpresa:
las mareas amanecen con mordiscos
en la espuma que las cobija.
Semejan manteles orlados
tendidos a lo largo de la costa.

Es obra de los peces,
mordiscos nocturnos
inventados en ausencia de la pleamar
y plenos de burbujas desafiantes
que simulan el velo de la novia.
Mis ojos buscan la orilla de la marea
y en ella se desarman, incesantes,
encima de la espuma
los toques y retoques de los peces,
para que las aguas
amanezcan estrenando traje.

MAJADERÍA

Hay agua que nace entre tormentas
y se convierte en lluvia,
como lo hacen las gotas
cansadas de llorar.

Extraña lluvia
que hace cosquillas en mis pies,
moja los espasmos apetecidos
y sonríe cuando toca mis arrugas.
Necia manía de hacer regueros
sin el permiso de los andamios
que sostienen la vida,
para que no se vierta la imprudencia
ni se deshagan las trampas
que mantienen el sigilo
de mis pasos y de mis ideas.

Molesta manera de humedecer
el tránsito de los espacios escogidos,
para que cada hombre
siembre la armonía de sus congojas
y el crujir de las horas que se queman
convierta la decadencia del tiempo
en campanadas.

Todo debe ser
como el cántico del viento,
suave, sonoro, húmedo.

Majadera forma
de crear inviernos
entre tanto verano presumido.

ESA LUZ

Crecí buscando la luz.
Desde pequeño,
mi necesidad humana
siempre fue una maleta
repleta de preguntas,
porque mi palabra fue lavada
en la criba de los aguaceros.

Necesitaba encontrar
esos cuerpos
que respiran instantes húmedos
después de la muerte del ocaso,
cuando se encienden las cenizas
que dan color a las tardes olvidadas.

Puse mis ojos
en el tránsito que llevo dentro,
en esa luz, semejante al fuego
que no ama al que le teme,
pero abraza a quien lo ama.

Chispa ajena
que me regaló mi madre,
porque la luz crece en los ojos sensibles.
Las preguntas empezaron a tener sentido:
no es el mar el que embaraza a las ballenas,
ni las noches se pintan de carbón.

No nací después de una semilla,
ni el sol sonrió por mi nacer.
Mi mejor poema
está escrito en mis ojos,
luz silente de los años,
luz de todos mis abriles.

CARGAR SU PROPIA AGUA

La sed es el encuentro
de la vida con la muerte,
indescifrable apariencia
de los cuerpos húmedos
que nacen en menguante.
Cargar su propia agua
es el lema de las mareas,
que renuncian a los valses
que el viento les obliga a bailar.

Mi sed
se asemeja al desierto
y de la sed por las palabras
nacerán los caminos
para llegar al encuentro
con el verbo,
abecé de la verdad.

Agua que baña la pluma
y despierta
la herencia de mis poemas.
Cargar su propia agua es el lema
de los cocuyos de la media noche,
que soportan sus propios aguaceros.
Y las tormentas en el mar,
empujan hacia la orilla
a los capullos de sal
que forman cristales enmohecidos.

Cargar su propia agua
hace que del suelo broten los pistilos
llenos de raíces y de sol.
Y en los acantilados yacen
las gotas
que un día tendremos que cargar.

DIÁLOGOS

Sí, la palabra nos obliga al diálogo,
a la dehiscencia de las imágenes
que convergen en lo que tú digas
y lo que yo interpreto.
Plática entre dos o más
que respiran el consuelo de interpretar
el decir, la mirada y lo que no se entiende.

Los diálogos son ideas, afectos
o simplemente decires,
Son también discusiones
acomodadas a la conveniencia
y al silencio
que promueve la libertad de aceptar
o simplemente dejar que el discurso
acomode sus bemoles.

Concertado o no, el diálogo discurre,
abre las páginas del silencio
y enfoca al verbo hacia el viento
que lleva y trae el mensaje,
lo acomoda, lo hace crujir
cuando abraza la verdad.

Algunas veces la palabra
niega todos los momentos pronunciados
y el silencio entra, despacio,
en vocablos que nunca se dijeron.
Son imágenes
que buscan afanosamente el diálogo.

LA CASA DE LA LUZ

La casa tiene luz.
La vida es azul entonces,
se adueña de los crepúsculos
y en cada mirada, la luz reparte
los colores de su piel.
Amarillo para las piedras silenciosas,
rojo para la sal de los corales
que alumbran la boca del puerto
y blanco para las burbujas del agua
que baña las hojas desvestidas.

Los pájaros iluminados
van camino hacia el estío,
vestidos de colores tornasol,
mientras las escaleras que conducen
hacia el tiempo,
sacuden los abecedarios viejos
para entender los solsticios.

La mañana comprendió
que era dueña de su propia luz,
y en el agua de mis sueños
amanecen las auroras,
las lámparas de los aguaceros
capaces de sosegar
a los carbunclos, los cocuyos y la voz.

Todo es un sueño iluminado.
En la enésima curva del mar
duermen las caracolas
y las hormigas se pasean golosas
por las brasas de la luz,
mientras la casa encendida
se convierte en claridad.

Cada punto de la estancia cincela
el albor reposado en las hojas,
mientras la casa de los pájaros
abre la puerta y se ilumina
con las lámparas
que traen las arañas,
las bromelias y la flor.

Esta es la casa de la luz.

FUIMOS AGUA

La humedad
que habita en la tormenta,
también lo es en la sangre,
agua roja de la vida
que se deshace en gotas
después de resistir.

Fuimos agua primigenia
que se desprendió del útero delgado
de las profundidades marinas
que habitaron la tierra,
antes de que el mar fuera pistilo.
Fuimos lágrimas de cuarzo
nadando en el océano lúdico
del principio de las cosas.

Hágase, y se hizo.
Todo fue según el esquema diseñado:
llanto, cataratas y aguaceros
destilando humanos
por todas las vertientes
de los días en nacimiento.
Génesis escrito en piedra
con letra ininteligible.

Especie acuosa,
cuatro elementos
transferidos a la tierra
en los octubres sinuosos,

que forjaron nubes y tormentas
para formar el agua
desde los abismos vacíos
hasta el hágase pronunciado.

Dioses acumulando palabras
para formar vocablos inciertos
y acallar el temor de las arterias,
a convertirse en burbujas rojas,
obligadas a recorrer laberintos,
escondrijos y corazones.

Somos agua,
seres empujando el miedo
a la evolución de la especie.
Organismos húmedos
con cuerpo de catarata,
cabeza de aguacero
y pensamiento humano.

TRADUCIR EL VERSO

Entiendo lo que dices.
Eres un relámpago
que, convertido en palabra,
llenas de luz las páginas
de la memoria,
quemas en silencio las verdades
para que nazcan los imposibles,
esa fuerza que empuja el pensamiento
y abre las páginas escritas.

Te apuras a convertir lo escrito
en tinta expresiva, a veces lúdica
y otras señorial,
repartidas en versos diseñados
para convertir la arcilla blanca
de la poesía,
en poemas plenos de luz.

Todo lo conviertes en azul,
 como las hojas que esperan
mutarse en blancas páginas
y llenarse agradecidas
de indeleble tinta pordiosera.

Vas trocando en verdades
las palabras difusas,
para entender cómo la oruga,
se convierte en mariposa

y explicar el color del arco iris
mientras gritas
las metáforas abiertas.

Al final el verso tiene sentido,
la palabra nació
del encuentro del viento con la verdad
mientras el relámpago la dibujaba.

Derrumbe

Quiero zarpar
pero el viento está en contra,
empuja de proa a popa.
Ahora comprendo
porqué todos los peces
nadan en aguas diferentes
si tienen la misma sangre,
como el agua y el viento.

Se escondieron las mareas
y la vorágine construida
al otro lado de la pregunta,
me condujo a un puerto sin respuesta.

El oleaje,
después de la muerte del ocaso,
respondió:
—no quedará piedra sobre piedra
cuando la unidad del universo
deseche la mentira—.

Entonces endereza la proa
pues el viento sopla recio.
Piensa en el puerto y en la distancia,
ama al viento que empuja sin preguntas
y al errante aire disperso
en el azul.
Toma el timón.

Cada día tiene su propio calendario,
el tuyo y el mío
abrazan los siglos de cada tic tac.

El mar, repleto de cansancio, no conversa.
Grita, se enerva, se encrespa.
Son los símbolos que anteceden a un desastre:
la muerte de los pájaros
que tejen los vórtices del miedo.
El océano pleno de preguntas
siente que los hombres
asfixian su tarea.
Cada milenio marca el tiempo,
pero no conoce la distancia
que le falta recorrer.

La sal
acumulada en los almanaques del mar,
no conoce al hombre que respira
ni todo lo que sostiene
su enorme pensamiento.

— Entonces zarpa,
no te distraigas.
Todo se estremece
cuando los ojos se abren a la verdad.
Estás despierto,
descifra el mundo.
Inténtalo—.

TENGO UN NOMBRE

Mi tiempo y mis metáforas
son verdes dibujados
en las hojas secas.
Entonces, qué importa la noche,
la mañana, o el mes de abril,
la rutina de mi vida
será algo así,
como jugar con la espuma
después de que muere la marea.

La mentira se inventa
al igual que el cansancio de las piedras.
Los cedros florecen,
la miel colma las máscaras humanas
y la lluvia,
siempre será cascada.

Estoy presente en la puerta del nacer.
Mis ideas ahora son ocasos
que pintan mis arterias.
Siento transitar la fuerza
por todas mis esquinas.

Hoy,
esta travesía
en el océano semi ausente
permitió abrir la puerta,

y por ella escaparon
los espejos que me acusaban.

Soy libre.
Ahora tengo un nombre.

ESPERA

Mis ideas están
moviéndose entre sílabas
serenas, apacibles.
Aceptan que los logros
borraron las congojas
y no puedo cambiar esta vorágine.

Así es la savia que lubrica mi existencia,
un decir que deshila marejadas.
Pienso en el grito del dolor
y acepto mi transfiguración,
porque la magia del despertar
está más allá
de simplemente abrir los ojos.

Pero temo equivocarme.
El miedo me quiebra el despertar
y mis canas no soportan ya tantos aguaceros.
La serenidad me hará cambiar las cosas
 al tocar el puerto.

Con valor detendré
los alisios que deshojan mis mañanas
y el vuelo de las golondrinas
tarde o temprano, permitirá
que los árboles acojan mis poemas.

Estoy frente a los preámbulos adscritos
a la historia de cada hombre
y más tarde o más temprano
la vestimenta me será profana,
porque la oscuridad muere
cuando la noche agoniza
y será necesario
encontrar mil formas
de desdibujar las huellas ya marcadas,
quemar en silencio las vivencias
para que nazcan los imposibles
como la cópula del temor con la verdad.

El abandono
será el fiel de mi poema
y así podré perdonar
al tiempo, a la página y a la tinta.

CONTROVERSIA

Nada sostiene las calles
por donde discurren las heridas del tirmpo
y sufren castigo los pies descalzos.
Necesito encontrar los cauces
donde quedaron prensados
los jolgorios de mi niñez
y pusieron en mi sangre
muchos días divertidos.

Todo se encuentra en el zaguán
de los patios del insomnio
y tarde o temprano
visitaré el murmullo
y conversaré con mi conciencia.
De rodillas suplicaré,
pues los ruegos revelarán
la verdad de los espejos.

Sí, la calle era inocente.
La curiosa luz de las palabras
me dejó un sabor a tormenta
y algún día sabré
si la muerte juega dados con la vida.

Mi niñez palidecía
cada vez que miraba la calle
por las rendijas de la tarde,

mientras la voz de la juventud
me golpeaba las horas por vencer.

Ahora sé que cada silampa tiene dueño
y que la vorágine que llevo dentro
debe sucumbir.
En los bolsillos traseros
cargo las semillas encontradas
y mientras el silencio no las arrugue,
ellas podrán germinar.

Hoy, revisando las horas,
encontré al tiempo solapado
y grité:
si el hoy y el mañana
no pueden compartir el viento,
tampoco lo harán con la esperanza.

Ni siquiera la conciencia me escuchó,
todo se volvió blanco como la mentira.
Siento que por mi camino
van los que construyen el mundo
y lo adornan con sus sueños.

Las heridas son tristezas abiertas
por donde se escabulle el miedo
y las miradas
son líneas de luz intransigentes
llenas de pisadas viejas
en el camino hacia el mañana.

El ocaso hace sangrar la tarde.
Las gotas caídas
encubren los misterios de la calle
y todo se vuelve rojo penitente.

Sí, mi niñez como llama sin fuego,
ardió en las paredes de mi cuerpo
pleno de transformaciones.

Espero encontrar el alba
antes del nuevo anochecer.
En mi cuerpo
 hoy crecen las arrugas
pugnando por olvidar la niñez.

IV

Aún en el tiempo de la recolecta
de los atardeceres y sus celajes,
el amor es fuego para disfrutar

En Cocles

Serpenteando en los caminos
plenos de todo, menos de olvido,
contemplamos la hojarasca nacida
en las cumbreras verdes.

Fuimos entonces,
viento, madera y arena
deslizándonos como serpientes
que descubren asombros y veredas

Esta es la mañana de los hombres despiertos
y de las aves que inician su vuelo.
De las voces que susurran
el sentir del nuevo día.

Las tardes no conocen el nombre
de las mareas
que saludan las palmeras
y a árboles hermanados
que se abrazan como nubes
deseosas de llorar

Al fin nos sorprendió la noche,
plena de libélulas bailarinas
que alumbran los deseos
hacia el descanso de los asombros vividos.

El sueño se intercaló
con el cansancio,
de todas las horas recorridas
por nuestras canas deseosas,
de mar, conchas y aventuras.

BAILAR BAJO LA LLUVIA

Las señales que deja el amor
repartido en la cama,
son brasas presurosas,
pedazos de tiempo sembrados
en el tropel del instinto.

Son el eros de los árboles sin fruto
que reclaman su parte en los abrazos,
en el quehacer del fuego
que nace cuando todo es consumado
y se convierte en silencio.

Después, la razón acoge la calma
y aquello que nació de la mirada
en esta habitación de mil congojas,
será mies en el verano.

Nueva semilla, nueva silampa,
nuevo caminar en la lluvia nocturna
que advierte una vez más
el ramaje de los árboles en celo.
Al final, una brisa sin luz
atraviesa los acordes del poema y sonríe.

Hicimos el amor bajo la lluvia
y mordimos cada gota renacida.

Tú y yo,
volvimos nacer.

Ahora somos aguacero…
Inundaremos el amor.

EL AMOR ENTRE EL CAOS

Amar la vorágine de las cosas
es igual a morir
y no tener sepultura
para guardar su historia.

Cuando las cosas son amorfas,
esconden su belleza,
se convierten en desiertos
y escapan de la realidad.
Todo se vuelve indefinido.

Las cosas se aman
porque son esencias infranqueables.
Amarlas en el caos
es igual a crear estrellas dobles,
libélulas plenas de
o soles llenos de faroles.

El amor exige plenitud.
Cada sílaba te abre la puerta
o te cierra el mundo.
Pero el amar es una fuente
que diluye lo irreal
y da forma a lo amorfo
para apreciar su realidad.

Amar entre el caos
es el ejercicio de los sabios,

de los seres que encuentran en la mañana
la agenda por seguir en ese día,
caminar despacio,
mirar al cielo,
y decir amén.

HERRAMIENTAS DEL AMOR

De la caja de Pandora se escapó el amor
convertido en dualidad:
Magnificencia plena,
ensueño y abrazo.
Plenitud de fracaso,
llanto y deseo.

Aceptar el amor
con la mente nublada,
es igual a las noches
que pierden los ojos
y se desangran en ira.
Aceptar el amor pleno de conciencia,
es igual a la luz:
sonríe, besa y trasciende.

El amor es tan fértil
que permite recoger
la cosecha que deseamos.
Su rito diario,
es un esfuerzo que escapa
a la imaginación y al deseo.

Algunas veces el amor expresa: nada es mío.
Pero el miedo,
a quedar solo juntos a las piedras,
rehace los encuentros

y convierte la soledad
en puntos de encuentro.

Solo la paciencia,
simulando al viento,
empuja la vela
y el posible naufragio,
se convierte en remanso.

La paciencia es entonces
el fluir de los ritmos
que los remos transmiten
de aquí, hacia allá.

Así nace el amor,
en las tardes que florecen
 al calor del poema,
porque en él se esconde
el trinar de los pájaros
y la verdad.
El amor es entonces
el reto a la caja de Pandora.
Es el único capaz de revertir
lo que, de ella logre escapar.

HUMEDAD

Tu cuerpo, es toda la fruta.

GIOCONDA BELLI

Pienso en tu piel
cada vez que respiro
esas ganas
de anclarme en tus misterios.
Ser el viento
que te recorre y te trasciende.

Siento al deseo
por todas mis esquinas.
Yo soy así,
humedad que te invita
al juego del eros,
a cerrar los ojos
y a disfrutar en silencio
el aroma a placer.

En tu boca
el amor es capaz de germinar
y pienso
que puedo disfrutar de esa verdad,
ya que tu carne se transforma
después de cada beso,
porque la luna escribió
mi nombre en tu piel.

Despacio
cierro los ojos y me dejo amar.
Mil sinfonías
nos reciben en la cumbre del deseo.

AMOR A LA VIDA

Amar la vida es vencer el miedo de morir
sin trascender la edad
de cada una de las arrugas de la piel,
Es vencer el ego
y mirar como los calendarios
se deshacen entre los relojes de arena.

Es pasar la prueba de convivir
con los aguaceros diarios
que inundan el camino,
tratando de que las noches
decidan quien vive y quien muere.

La vida y la muerte no tienen supuestos.
Son realidades
que me conducen a la verdad.
La vida es el despertar de cada día
sintiendo que el encuentro tiene luz.
La muerte procesa visitas sin permiso,
en medio del sueño que nos habita.

La esencia de la vida
es una máquina que cose y cose por la noche
mientras las libélulas alumbran su trabajo,
se alimenta con el vaho
que sale de los espejos,
hurgando más allá de lo convexo.

Amar la vida es vivir desde adentro,
comparar al mundo
con la realidad dibujada
en el rostro de los felices,
de los que acompañaron a los pájaros
a regresar después del invierno.

Fluir, adaptarse, vigilar,
son las necesidades que convierten
el amor por la vida,
en impulsos y me dicen:
reinvéntate,
regresaron los pájaros.

ACERCA DEL AUTOR

Carlos Enrique Rivera Chacón nació el 12 de abril de 1942. Inició la educación secundaria en el Instituto de Educación de Turrialba y la finalizó en el Colegio San Luis Gonzaga. Ingresó a la Universidad Nacional y se graduó como profesor de enseñanza primaria y de Ciencias Generales. En la Universidad Estatal a Distancia obtuvo el título de bachiller en Administración Educativa. En la Universidad de Costa Rica se licenció en Biología y en Administración Educativa. En esta misma casa de estudios cursó la maestría en Educación. Ha publicado los siguientes poemarios: *Semilla y camino* y el *Milagro de mis manos* (1960), *Pequeñeces* (1962), *La epopeya blanca* (1970, *Agudo atardecer* (1985), *Instantes Azules* (2014), *El invierno que faltaba* (2017), *Raíces de la Tarde* (2018), *Sinfonía del Ayer* (2019), *Apología de la mirada* (2021) y *Regresan los pájaros* (2022).

ÍNDICE

Regresan los pájaros

IV
AÚn en el tiempo de la recolecta
de los atardeceres y sus celajes,
el amor es fuego para disfrutar

Colección
PREMIO INTERNACIONAL DE POESÍA
NUEVA YORK POETRY PRESS

Colección
CUARTEL
Premios de poesía
(Homenaje a Clemencia Tariffa)

1
El hueso de los días
Camilo Restrepo Monsalve
-
V Premio Nacional de Poesía
Tomás Vargas Osorio

2
Habría que decir algo sobre las palabras
Juan Camilo Lee Penagos
-
V Premio Nacional de Poesía
Tomás Vargas Osorio

3
Viaje solar de un tren hacia la noche de Matachín
(La eternidad a lomo de tren) /
Solar Journey of a Train Toward the Matachin Night
(Eternity Riding on a Train)
Javier Alvarado
-
XV Premio Internacional de Poesía
Nicolás Guillén

4
Los países subterráneos
Damián Salguero Bastidas
-
V Premio Nacional de Poesía
Tomás Vargas Osorio

Colección
PARED CONTIGUA
Poesía española
(Homenaje a María Victoria Atencia)

Colección
CRUZANDO EL AGUA
Poesía traducida al español
(Homenaje a Sylvia Plath)

1
The Moon in the Cusp of My Hand /
La luna en la cúspide de mi mano
Lola Koundakjian

2
Sensory Overload / Sobrecarga sensorial
Sasha Reiter

Colección
PIEDRA DE LA LOCURA
Antologías personales
(Homenaje a Alejandra Pizarnik)

Colección
MUSEO SALVAJE
Poesía latinoamericana
(Homenaje a Olga Orozco)

Colección
SOBREVIVO
Poesía social
(Homenaje a Claribel Alegría)

Colección
VÍSPERA DEL SUEÑO
Poesía de migrantes en EE.UU.
(Homenaje a Aida Cartagena Portalatín)

Para los que piensan, como Waldo Leyva, que "la palabra ha llegado al extremo de la perfeción", este libro se terminó de imprimir en marzo de 2022 en los Estados Unidos de América.

Made in the USA
Las Vegas, NV
21 July 2022

51928549R00104